Lohmann

# Zukunft braucht Mut

Kolumnen zu Chancen Sozialer Gesundheitswirtschaft

Bibliografische Informationen der Deutschen Nationalbibliothek
Die Deutsche Nationalbibliothek verzeichnet diese Publikation
in der Deutschen Nationalbibliografie; detaillierte bibliografische
Daten sind im Internet über http://dnb.d-nb.de abrufbar.
Bei der Herstellung des Werkes haben wir uns zukunftsbewusst für
umweltverträgliche und wiederverwertbare Materialien entschieden.
Der Inhalt ist auf elementar chlorfreiem Papier gedruckt.

ISBN 978-3-86216-624-4


© 2020 medhochzwei Verlag GmbH, Heidelberg
www.medhochzwei-verlag.de

Abdruck der Kolumnen mit freundlicher Genehmigung der Bibliomed
Medizinische Verlagsgesellschaft mbH

Satz: creative vision, Lünen, www.creative-vision.de
Druck: mediaprint solutions GmbH, Paderborn
Umschlaggestaltung: medhochzwei Verlag GmbH, Heidelberg

# Zukunft braucht Mut

Kolumnen zu Chancen Sozialer Gesundheitswirtschaft

von Heinz Lohmann

mit einem Vorwort

von Florian Albert

 medhochzwei

Für Ulla Lohmann, die mich mit ihren eigenen Texten, vornehmlich zur Kunst, immer wieder begeistert und natürlich auch herausfordert.

# Inhalt

# Vorwort

„Zukunft braucht Mut." Eine Selbstverständlichkeit, sollte man meinen. Doch für Heinz Lohmann ist der Titel dieses Buches nur folgerichtig. Seit 13 Jahren schreibt er als Kolumnist für die Zeitschriften und Onlineportale des Bibliomed-Verlages. Seit jeher versteht er sich dabei als Impulsgeber in der Debatte, wie auch in Zukunft eine hochwertige Gesundheitsversorgung zu bezahlbaren Preisen für alle gewährleistet werden kann.

Heinz Lohmann verfolgt das Leitbild der „Sozialen Gesundheitswirtschaft". Er selbst hat es bereits 2009 geprägt, als er zehn Thesen für eine Modernisierung des Medizinbetriebs mitformulierte. Der starke Staat soll als Gewährleistungsstaat die Rahmenbedingungen und Spielregeln setzen. Die Umsetzung hingegen, davon ist Lohmann überzeugt, ist nicht seine Sache. Dies folgt der Erkenntnis, dass nur marktwirtschaftliche Anreize sowohl Qualität, Chancengleichheit, soziale Gerechtigkeit und Fairness wie auch Wirtschaftlichkeit gewährleisten.

Aktuell ist der Zeitgeist jedoch ein anderer. Ob Finanzierung, Pflegereform oder die leidige Sektorendiskussion: Das Gesundheitswesen gleicht mehr denn je einem

Regulierungsdickicht, das kaum noch jemand überblickt. Die in diesem Band gesammelten Kommentare führen deutlich vor Augen, wie immens die Beharrungskräfte nach wie vor sind. Sicher: Die Patienten treten heute informierter und selbstbewusster auf. Von einer echten Souveränität, Transparenz und Kundenorientierung ist das Gesundheitswesen noch weit entfernt.

Gleichwohl: Völliger Stillstand herrscht zum Glück nicht. Veränderungen stellen sich zwar nur sehr langsam, aber unübersehbar ein. Es gibt sie noch, die alten Geschäftsmodelle. Doch junge Start-up-Gründer und vorausschauende Unternehmer brechen diese Stück für Stück auf. Mehr und mehr Klinikmanager öffnen ihre Häuser für junge Ideenschmieden, die gemeinsam mit Ärzten, Pflegekräften oder ITlern an kleinen, aber feinen Lösungen tüfteln.

Diese Kolumnensammlung versteht sich daher nicht nur als Mahnung an die Politik. Sie ist auch ein Mutmacher für all diejenigen, die die Transformation im Kleinen gegen alle Widerstände vorantreiben. Denn Eigenverantwortung, Kreativität und Unternehmergeist sind die besten Triebfedern für den Fortschritt.

*Florian Albert*
Chefredakteur der Managementredaktion in der Bibliomed Verlagsgesellschaft mbH

# Gesundheitswirtschaft mit gewaltigen Potenzialen

„Das Wichtigste ist die Gesundheit." Ein immer wiederholter Ausruf. Keine Begrüßung ohne ihn. Gesundheit ist der Megatrend. Und dann das: Unter den 25 wertvollsten Marken weltweit findet sich kein einziges Gesundheitsunternehmen. Sieht man von einem Technikkonzern ab, der unter vielem anderen auch Medizingeräte herstellt, und von IT-Unternehmen, deren Soft- und Hardware auch bei Gesundheitsfirmen zum Einsatz kommt.

Ein Unternehmen braucht lange Zeit, bis es zur Marke wird. Die Gesundheitswirtschaft ist eine junge Branche, auch wenn deren Betriebe und Institutionen schon viel früher gegründet worden sind. Denn sie wurden dem Sozial- und nicht dem Gesundheitssektor zugerechnet, gewaltigen Umsätzen und Personalkörpern zum Trotz. Erst in allerjüngster Zeit, genau genommen erst in den letzten Jahren, hat sich das geändert. Gesundheitswirtschaft wird als Zukunftsbranche gerade entdeckt.

Auch die Politiker üben noch. So ist es etwa für Wirtschafts-
politiker keinesfalls selbstverständlich, ihre Blicke fest
auf die Gesundheitswirtschaft zu richten. Im Gegenteil, es wird immer noch allzu häufig auf die Kollegen
von der Gesundheitspolitik verwiesen, wenn Unternehmen den Dialog aufzunehmen wünschen.

In den Bundes- und Landtagsfraktionen ist die Funktion
eines Gesundheitswirtschaftlichen Sprechers bisher
völlig unbekannt. Jungen Politikern sei empfohlen, schnell
aktiv zu werden. Sie können Geschichte schreiben.

Die Gesundheitswirtschaft hat gewaltige Potenziale. Diese
gilt es aber zu erschließen. Daran können viele mitwirken.
Allen voran die Unternehmen dieser jungen Branche selbst.
Sie müssen erkennen, dass nur gemeinsames Auftreten
stark macht. Die Chancen für Zusammenarbeit werden
bisher nicht annähernd genutzt. Sich im eigenen Sektor
einzurichten, war gang und gäbe. Strategische Partner-
schaften sind deshalb das Gebot der Stunde. Darum
müssen die gewohnten Geschäftsmodelle überwunden
werden. Gemeinsam unternehmerische Risiken zu teilen,
will gelernt sein. Mut zum Wandel führt zum Erfolg.

Auch die Kammern, Berufs- und Unternehmensverbände gilt es für die Gesundheitswirtschaft zu begeistern. Bisher findet die Gesundheitswirtschaft in deren oft altwürdigen Hallen nicht so recht statt. Regionale Gesundheitsinitiativen haben sich bereits auf den Weg gemacht. Sie sind dabei, die angestammte „Sitzordnung" in den Gremien der Wirtschaft aufzumischen. Plätze müssen für die Vertreter der aufstrebenden Branche freigeräumt werden. Da ist Energie und Beharrlichkeit angesagt. Weiter so.

Kommunen, Länder und Bund können durch eine Fülle von Aktivitäten daran mitwirken, die Gesundheitswirtschaft von übernommenen Fesseln zu befreien. So gilt es, Gesetze zu entstauben, Infrastrukturmaßnahmen neu zu gewichten und Bildungspläne zu modernisieren. Natürlich sind auch hier Widerstände vorprogrammiert. Aber jetzt müssen den Ankündigungen in Reformprogrammen energische Taten folgen.

# Stiftung Gesundheits-test auf die Agenda

Die Förderung der Patientensouveränität ist ein zentrales Ergebnis des diesjährigen Gesundheitswirtschaftskongresses Anfang September in Hamburg. Die Teilnehmer, Unternehmer und Manager waren sich einig, dass die Zukunft der Gesundheitswirtschaft nicht ausschließlich mit einem Finanzierungsgesetz zur Gesetzlichen Krankenversicherung gemeistert werden kann. Wer den Menschen höchste Qualität bei größter Wirtschaftlichkeit bieten will, muss die Modernität der Medizin durch einen neuen Regelungsrahmen fördern. Viele Gesetze und Verordnungen werden den veränderten Ansprüchen nicht mehr gerecht. Mehr und mehr Gesundheitsunternehmer stoßen deshalb mit ihren innovativen Ideen an die überkommenen Grenzen. Eine weitsichtige Politik stellt sich dieser Diskussion und öffnet das Gesundheitssystem durch Neuausrichtung auf Leistung, Qualität und Produktivität für eine aktive soziale Gesundheitswirtschaft.

Wer hervorragende Ergebnisse erzielt, soll wachsen, wer sich nicht den Erfordernissen anpasst, soll vom Markt verschwinden. Regeln zum Schutz von Anbietern, die bei den Patienten nicht hinreichend gefragt sind, müssen verschwinden. Budgetfinanzierung von Institutionen muss durch strikte leistungsbezogene Honorierung ersetzt werden. Nicht die Formalqualifikationen der Akteure garantieren hohe Qualität, sondern die objektiven Ergebnisse integrierter Behandlungen.

Die Realisierung der Idee einer „Stiftung Gesundheitstest" muss ganz oben auf der Agenda der Gesundheitsreform stehen.

# Fairer Wettbewerb unter den Akteuren

Alle bisherigen Gesundheitsreformen haben ganz deutlich aufgezeigt: Die Herausforderungen für das Gesundheitssystem können nicht ausschließlich auf der Einnahmeseite der gesetzlichen Krankenversicherung gemeistert werden. Viel Geld hilft nicht viel, zumindest nicht den Patienten. Wer den Menschen in Zukunft höchste Qualität und größte Wirtschaftlichkeit gleichermaßen bieten will, muss die Modernität der Medizinanbieter fördern. Und dies funktioniert garantiert nicht mit immer mehr staatlichen Gesetzen und Verordnungen. Auch kleinkariertes Hineinregieren in betriebliches Handeln ist von Übel, in der Gesundheitswirtschaft wie anderswo. Allerdings wird derzeit gerade das allenthalben propagiert.

So wollen sich die Politiker in Baden-Württemberg künftig mehr direkte Einflussmöglichkeiten auf die Universitätskliniken verschaffen. Eine Gewährträgerversammlung aus Landtagsabgeordneten und Ministerialbeamten soll über die strategische Gesamtplanung und die Wirtschaftspläne der Krankenhäuser entscheiden.

Den leitenden Beamten in den Gesundheitsministerien der Bundesländer sind die in den vergangenen Jahren geschaffenen Selektivvertragsregelungen zwischen Krankenkassen und Gesundheitsanbietern seit geraumer Zeit ein Dorn im Auge. Insbesondere die Tatsache, dass diese Angebote ihrer Planungshoheit entzogen sind, soll jetzt beendet werden. Die Beamten beabsichtigen unisono, einen dritten Sektor neben dem ambulanten und dem stationären Bereich einzuführen und regulativ zu beplanen.

Bayern soll als erstes Bundesland eine Pflegekammer bekommen. In der Körperschaft des öffentlichen Rechts mit Zwangsmitgliedschaft sollen dann Pflegefunktionäre Durchführungsbestimmungen für staatliche Gesetze erarbeiten und deren Einhaltung kontrollieren.

Drei Beispiele für eine Reihe politischer Aktivitäten, die in die falsche Richtung weisen. Mit mehr Bürokratie können die Herausforderungen der Zukunft nicht bewältigt werden. Vielmehr muss das, was sich in anderen Branchen längst bewährt hat, künftig auch im größten Bereich unserer Volkswirtschaft als selbstverständlich gelten. Nur fairer Wettbewerb unter allen Akteuren um die beste und günstigste Lösung sichert den Patienten den Zugang zu innovativer Medizin. Eine kluge Gesundheitspolitik befördert die Qualitäts- und Preistransparenz, weil dies den Patienten wirklich hilft.

# Gesundheitswirtschaft normalisieren

Nur wenige Gesellschaftsbereiche haben es in der Vergangenheit immer wieder erfolgreich geschafft, sich den allgemein gültigen Regelungen zu entziehen – so allen voran der Gesundheitssektor. „Viel hilft viel", ist hier nach wie vor die Devise, „mehr Geld oder weniger Leistung", der politische Schlachtruf. Überall sonst wird inzwischen angesichts knapper finanzieller Ressourcen auf die heilsamen Kräfte des Wettbewerbs vertraut. Selbstverständlich war das allerdings dort auch nicht von Anfang an. Was gab es nicht beispielsweise für Widerspruch, als der Telekommunikationsmarkt liberalisiert wurde. Weite Landstriche außerhalb von Metropolen sollten, so die geschürten Ängste jener Tage, zu „weißen Flecken" in der Kommunikationsversorgung werden. Was ist die Wahrheit? Damals stand an den Telefonzellen „Fasse Dich kurz", heute „quasselt sich Deutschland tot", zumindest in der Werbung. Leistungen und Kosten haben sich dank des verschärften Wettbewerbs verbraucherfreundlich entwickelt. Staatliche Verteilung von knappen Gütern hat hingegen noch nie zu hoher Qualität gepaart mit günstigen Preisen geführt.

Den Gesundheitsfunktionären ist es bisher gelungen, ihre Aktionsfelder vor den Einflüssen des Wettbewerbs zu schützen. „Gesundheit ist keine Ware", ist die knappe Formel, auf die der Widerstand gegen moderne Rahmenbedingungen immer wieder gebracht wird. Hartnäckig werden Gesetze und Verordnungen verteidigt, die die alte Ordnung bewahren und sogar als patientenfreundlich darstellen. Patientensouveränität in einem liberalisierten Gesundheitsmarkt der Zukunft wird zur Gefahr für Leib und Seele erklärt. Fast meint man, aufgeklärte Patienten müssten vor sich selbst geschützt werden.

Die aktuelle gesundheitspolitische Debatte um das Versorgungsgesetz geht sogar noch einen Schritt weiter. Selbst die kleinen Pflänzchen vorheriger Gesundheitsreformen werden jetzt mit der Heckenschere gestutzt. Die Medizinischen Versorgungszentren gängelt der Bund, die Integrierte Versorgung die Länder. Die Beschränkung des Kreises der Träger von MVZs auf Vertragsärzte und Krankenhäuser sowie die der zulässigen Rechtsformen auf Personengesellschaften und Gesellschaften mit beschränkter Haftung ist ein Rückschlag. Der Staat schützt nicht durch eine für alle gültige Marktordnung die Patienten, sondern privilegiert ausgewählte Klienten. Gleichermaßen kontraproduktiv ist der Kampf der Länder um mehr Einfluss auf die IV. Galt doch endlich einmal in einem klitzekleinen Bereich Vertragsfreiheit. Schon schlägt die Planungswut der Bürokraten wieder zu.

Politik sitzt wie häufig im Bremserhäuschen. Dort werden allerdings keine Weichen gestellt. Die Probleme unseres Gesundheitssystems lassen sich so nicht lösen. Allerdings werden die Patienten jetzt mündiger. Sie lassen sich nicht mehr alles bieten. Mehr Transparenz ermöglicht eine souveränere Position. Das ist ermutigend. Innovative Unternehmer und Manager setzen darauf und lassen sich nicht durch kleinmütige Gesetze und Verordnungen bremsen. Die Gesundheitswirtschaft normalisiert. Daran führt kein Weg vorbei.

# Vom Flughafen lernen

„Sie können Autos in jeder Farbe bekommen, nur schwarz müssen sie sein." Dieser Ausspruch wird Henry Ford, dem Erfinder der Fließbandproduktion, zugeschrieben. Nur wenn immer genau das gleiche Produkt hergestellt wurde, konnten eine hohe Qualität und ein niedriger Preis erreicht werden. Diese simplen Methoden der Industrialisierung zu Beginn des 20. Jahrhunderts waren als Prozessunterstützung für die schon damals komplexe Medizin natürlich nicht geeignet. Deshalb konnte sie die Vorteile der neuen Produktionstechnologien nicht nutzen. Heute ist das ganz anders. Die moderne Autoproduktion erlaubt rund eine Million Varianten eines einzigen Modells. Der digitale Workflow macht es möglich. Innovative Informationstechnologien steuern den Fertigungsprozess. Die Übertragung dieser Prinzipien auf die Gesundheitswirtschaft stößt allerdings auf große Skepsis. „Menschen sind keine Autos!", so der „Schlachtruf".

Patienten werden bei steigender Transparenz mehr und mehr auch Konsumenten. Sie erwarten künftig hohe Qualität auf Basis ganzheitlicher Gesundheitsangebote. Die Organisation der Medizin muss dafür „vom Kopf auf die Füße" gestellt werden. Nicht die vorgefundene Infrastruktur, die überkommene Organisation und die gewachsene Personalstruktur dürfen die Art und die Ergebnisse von Medizin weiterhin bestimmen. Vielmehr müssen die für das Überleben im Wettbewerb notwendige Qualität und Wirtschaftlichkeit Ausschlag gebend für die Infrastruktur, die Betriebsabläufe sowie die Personalauswahl sein.

Damit ein Flugzeug, das auf einem Flughafen gelandet ist, möglichst schnell wieder starten kann, wird intelligente Software eingesetzt. Sie kann die Vorausplanung an den realen Betrieb zeitgleich anpassen. Diese Technologie kann jetzt auch zur Steuerung medizinischer Prozesse, zum Beispiel im OP eingesetzt werden. Bisher ist die Anwendung der Prinzipien arbeitsteiliger Produktionstechniken in der Medizin mit dem Argument individueller diagnostischer und therapeutischer Notwendigkeiten verworfen worden. Das ist heute überholt. Die Strukturierung der Medizin erlaubt in Kombination mit aktuellen Entwicklungen in der Informationstechnologie eine patientenbezogene Ausgestaltung der Services und Produkte. Standardisierung in der Medizin und ärztliche Entscheidungsfreiheit sind deshalb keine Widersprüche.

Wie haben wir gelacht, als wir kürzlich lesen konnten, dass die Verantwortlichen für den neuen Flughafen Berlin-Brandenburg allen Ernstes erwogen hatten, das noch nicht funktionsfähige Brandschutzsystem vorübergehend durch Handbetrieb zu ersetzen. So sollten doch tatsächlich 700 Mitarbeiter in drei Schichten die Automatiktüren händisch öffnen und schließen. Krankenhäuser arbeiten so landauf, landab noch immer ganz selbstverständlich im Normalbetrieb. Gesundheitsanbieter verzichten bei der Organisation ihrer Medizinprozesse weitgehend auf einen digitalen Workflow – mit schwerwiegenden Folgen für die Wirtschaftlichkeit und die Patientenorientierung. Zudem sind viele Mitarbeiter über das ständige Improvisieren und Dokumentieren am Ende auch noch tief frustriert. Das kann und muss sich schleunigst ändern.

# Zurück zu Lahnstein

Es ist schon über 20 Jahre her, dass sich die Spitzen der Gesundheitspolitik aus CDU/CSU und SPD auf grundlegende Reformen verständigt haben. Es war in der Abgeschiedenheit von Lahnstein, wo die Einigung gelang. Hier wurde die Grundlage für etwas mehr Wettbewerb im Gesundheitssystem gelegt. Zum Beispiel wurde das Fallpauschalensystem für Krankenhäuser auf den Weg gebracht. So grundlegende Veränderungen sind wohl nur in einer – wenn auch damals informellen – Großen Koalition möglich. Darin liegt nach der aktuellen Bundestagswahl ein Stück Hoffnung für die Zukunft begründet.

Nachdem sich die großen Erwartungen der Branche in der vergangenen Legislaturperiode nicht wirklich erfüllt haben, ist die augenblickliche Ernüchterung groß. Die FDP hat letztlich ihr sehr liberales gesundheitspolitisches Programm nicht umgesetzt, sondern die Interessen ihrer Klientel erfüllt. Da ist die Aussicht auf eine mögliche künftige Große

Koalition durchaus verheißungsvoll. Jetzt gilt es, eine neue Stufe in der Wettbewerbsorientierung zu erklimmen. Die steigende Nachfrage nach Gesundheitsleistungen bei sehr beschränkten Mitteln aus dem Sozialtransfer kann nur dann sozialverträglich befriedigt werden, wenn die Kreativität der intelligenten Köpfe der Branche angeregt wird. Überregulierung ist da kein geeignetes Mittel. Und die neue Regierung darf den Patienten durchaus etwas zutrauen. Sie entwickeln sich Stück für Stück auch zu Konsumenten. Ihnen zu helfen, muss vornehmstes Ziel sein. Ganz oben auf der Agenda einer neuen Regierung sollte deshalb die Errichtung einer „Stiftung Gesundheitstest" stehen. Genau wie in anderen Wirtschaftsbereichen würde dadurch die Rolle der Verbraucher gestärkt. Die Informationen insbesondere aus dem Internet bekämen auf diese Weise ein objektives Korrektiv und wären für Patienten sehr hilfreich.

Die Revolution wird auch in den kommenden vier Jahren nicht stattfinden. Aber einige mutige Schritte in die richtige Richtung sollten es schon sein. Die Zeit ist reif für selektives Kontrahieren und die Monistik in der Krankenhausfinanzierung. Überhaupt muss die Angleichung der Entgeltsysteme zwischen ambulanter und stationärer Versorgung oberste

Priorität haben. Dabei ist neben der Wirtschaftlichkeit auch die Qualität ein wichtiges Ziel. Um die vor uns liegende Diskussion der Zukunft des Gesundheitssystems ausreichend zu fundieren, gilt es, die Gesundheitswirtschaft explizit in die Quartalsberichte zu den volkswirtschaftlichen Kennzahlen der Statistikämter des Bundes und der Länder aufzunehmen. Bisher steht kein aussagefähiges Zahlen- und Datenmaterial zur Verfügung. Das ist angesichts der Bedeutung der Branche nicht länger akzeptabel. Es geht also nicht einfach um mehr Markt aus Prinzip, sondern darum, bewährte Steuerungsprinzipien aus anderen Branchen in die Gesundheitswirtschaft zu übertragen. Eine Große Koalition der Vernunft könnte das schaffen. Die Aussicht auf ein zweites Lahnstein ist deshalb nicht die schlechteste.

# Wertschätzung durch Wertschöpfung

Wer sich selbst zum „Loser" erklärt, gewinnt keine Anerkennung, sondern höchstens Mitleid. Deshalb bringen die immer wiederkehrenden Klagen über mangelnde Wertschätzung auf Pflegekongressen und anderswo gar nichts. Wer auf Hilfe von außen setzt, hat schon verloren. Auch wenn wohltönende Versprechungen von prominenten Gastsprechern noch so verlockend klingen, ist angesichts der realen gesellschaftlichen Herausforderungen eine nüchterne Analyse gefragt. Es geht künftig nicht darum, mehr Geld und mehr Personal zu verteilen, sondern um knappe Ressourcen. Erfolg wird nur derjenige haben, der trotzdem eine hervorragende Behandlung bezahlbar realisiert und dabei auch noch attraktive Arbeitsplätze anbietet. Alles andere wird sich als Illusion erweisen. Vorausschauende Pflegekräfte setzen deshalb auf die eigene Stärke und vertrauen darauf, einen entscheidenden Beitrag zur Lösung der drängenden gesellschaftlichen Herausforderungen zu leisten.

Für die Bewältigung der vor uns liegenden Aufgaben ist die konsequente Nutzung von Methoden und Technologien, wie sie in anderen Branchen längst Realität ist, unabdingbare Voraussetzung. Nur moderne Betriebsabläufe machen es künftig möglich, die knapper werdenden Fachkräfte auch tatsächlich am Patienten einzusetzen und sie nicht mit Hilfstätigkeiten, wie Logistik und Dokumentation, zu „verplempern". Solange wertvolle Mitarbeiter im Improvisationstheater Krankenhaus über das Gelände hasten, um eine Probe „eben mal schnell" in die Pathologie zu tragen und am Telefon für „ihren" Patienten kurzerhand einen Röntgentermin zu organisieren, kann es trotz größten Engagements der Beteiligten keine optimalen Behandlungsergebnisse geben. Das setzt geplantes Vorgehen zwingend voraus.

Der Schlüssel für ein zukunftsfähiges Workflowmanagement liegt in strukturierten Behandlungsprozessen! Daran hapert es bei den Gesundheitsanbietern weitgehend immer noch. Moderne Informationstechnologie lässt sich deshalb in unserer Branche nicht durchgängig nutzen. Hier liegt ein großes Potenzial brach. Es mangelt an der Kooperation der Akteure bei der Entwicklung geplanten

Betriebsgeschehens. Ärzte, Krankenschwestern und Kran-
kenpfleger und Manager müssen aber künftig an einem
Strick ziehen. Methodisches und praktisches Wissen sind
notwendig, um die planerischen Aufgaben zu bewältigen.
Gerade Pflegekräfte mit ihrer täglichen Erfahrung der
patientennahen Arbeitsabläufe können hervorragend
bei der Optimierung mitwirken. Innovative Pflegeverant-
wortliche sollten diese Chance nutzen und selbstbewusst
Verantwortung bei der Verbesserung der Qualität und
Produktivität von Gesundheitsleistungen übernehmen.
Was gut ist für die Wirtschaftlichkeit, ist auch gut für die
Qualität. Wer die Wertschöpfung steigert, braucht sich um
die Wertschätzung nicht zu sorgen. Dazu bedarf es keiner
neuen Gesetze und Verordnungen. Notwendig ist ausschließlich unternehmerische Kraft. Es gehört Mut dazu,
das „Jammerkartell" zu verlassen, aber es lohnt sich.

# Politik und Paragrafen

Der Entwurf für das Krankenhausstrukturgesetz zeigt eins
wieder ganz deutlich: Die Ziele der Politik und der Kranken-
hausgesellschaften sind schon seit langem völlig konträr.
Während die Kliniken wesentlich mehr Geld erwarten, will
die Politik allenfalls umverteilen. Angesichts der aktuellen
und zu erwartenden gesellschaftlichen Rahmenbedingungen gibt es keine nachhaltigen finanziellen Spielräume.
Hintergrund dazu ist die aufgehende Schwere zwischen
steigender Nachfrage nach Gesundheitsleistungen und
sehr begrenzten Mitteln aus dem Sozialtransfer. Deshalb
ist es ein grundsätzlicher Fehler der Kliniken, die Politik
zum Handeln zu drängen. Vielmehr sollten die Akteure die
vorhandenen Spielräume nutzen. Wer Politik bestellt, darf
sich nicht beschweren, wenn er neue Paragrafen bekommt.
Zudem ist die Krankenhauslobby für ihre Ablehnungsmen-
talität bereits bekannt wie ein „bunter Hund". Deshalb
müssen die Kliniken jetzt aufpassen, nicht mit ihrer Kritik zu
überziehen. Untergangsszenarien verlieren nämlich durch
ständige Wiederholung rapide an Glaubwürdigkeit. Richtig
ist aber, dass viele Regelungen arg bürokratisch daher-
kommen und stärkerer planwirtschaftlicher Logik entsprin-
gen, als auf mehr wettbewerbliche Elemente zu setzen.

Der Gesetzgeber muss im weiteren Verfahren den Entwurf auf jeden Fall vom Dirigismus entschlacken. Das gilt insbesondere für die Bestimmungen zur Mengenregulierung. Sie stehen derzeit dem postulierten Ziel, Qualität zu belohnen, kontraproduktiv entgegen. Gerade die Krankenhäuser, die für Patienten attraktive Leistungen anbieten und deshalb begehrt sind, werden letztlich stranguliert. Viel vernünftiger wäre es, die Latte für die Indikationsstellung verpflichtend höher zu legen, um damit ungerechtfertigten Mengensteigerungen zu begegnen. Auch sollten die Möglichkeiten für qualitätsbezogene Direktverträge zwischen Krankenkassen und Gesundheitsanbietern ab 2017 deutlich ausgeweitet werden. Raus müssen die gut gemeinten, aber schlecht gemachten Personalquotierungen für die Pflegekräfte. Reservate für „schutzbedürftige Arten" sind keine Zukunftsmodelle. Vielmehr müssen die Mitwirkungsmöglichkeiten der Pflege beim Umbau der Kliniken gestärkt werden. Pflegende sind die geborenen Experten für die absolut notwendige Patientenzentrierung der Behandlungsprozesse.

Automatik statt Handbetrieb ist wichtiger denn je.
Gerade wenn den Krankenhäusern Erfolge auf der Einnahmeseite noch mehr als bisher verbaut werden, ist es
überlebensnotwendig, auf der Basis von strukturierten
Prozessen mit digitalen Workflows die Qualität und Produktivität zu verbessern. Die Verantwortlichen müssen
dabei die Qualität sehr ernst nehmen. Nicht nur, weil der
Gesetzgeber die Vergütung mehr daraufhin orientieren
wird, sondern weil die Patienten wenigstens teilweise
auch Konsumenten werden. Schon leichte Veränderungen des Nachfrageverhaltens werden gravierende Folgen für die Kliniken nach sich ziehen. Diese Wirkung
ist viel bedeutsamer als die vorgesehene Ausrichtung
der Krankenhausplanung an Qualitätsparametern.

# Heilsame Disruption

Kürzlich postulierte der Vorstandsvorsitzende eines norddeutschen Universitätsklinikums in einer Podiums-diskussion apodiktisch, er halte nichts davon, wenn Computerprogramme Ärzten ihre Arbeit erklärten. Mal abgesehen davon, dass es für manche Patienten nicht schlecht wäre, wenn die sie behandelnden Mediziner mit Hilfe intelligenter Software auf den neuesten Stand der ärztlichen Kunst gebracht würden, offenbart aber die zitierte Aussage ein grundlegendes Missverständnis.

Wer sagt denn, dass in 10 Jahren die heute von Ärzten erledigten Arbeiten immer noch ihnen vorbehalten sein werden? Gleiches gilt für Krankenschwestern, Kaufleute, Techniker und viele andere. In der industriellen Revolution haben elektrische Webstühle die erfahrenen Handwerker aus der Produktion fast vollständig verbannt. Viele weitere althergebrachte Berufe sind ebenfalls von der Bildfläche verschwunden oder haben sich neuen Inhalten zugewandt.

Die soeben erst begonnene Digitalisierung wird unsere Gesellschaft noch viel radikaler umkrempeln und auch die Medizin „vom Kopf auf die Füße stellen". Von einer disruptiven Entwicklung zu sprechen, fällt deshalb inzwischen vielen Menschen nicht mehr schwer. Die damit verbundenen Konsequenzen zu akzeptieren, aber doch. Das Undenkbare zu denken, ist eben nicht einfach. Aber es wird trotzdem eintreten und zudem enorme Chancen für die Zukunft eröffnen. Denn, wenn uns der Arbeitsmarkt demnächst immer weniger Ärzte und Krankenpflegekräfte beschert, werden wir die neuen technischen Möglichkeiten dringend benötigen.

Die wenigen Fachexperten können sich dann auf das Wesentliche konzentrieren und werden nicht weiter im „Improvisationstheater" unseres tradierten Gesundheitssystems „verplempert". Tatkräftig die Zukunft zu gestalten ist somit die Aufgabe der Führungskräfte. Wer genug Mut und Fantasie hat, sollte sich umgehend auf den Weg machen. Die anderen werden den Webern folgen.

# Mit gemeinsamer Verantwortung in die Zukunft

Viel zu häufig haben die Führungsetagen der deutschen Krankenhauswirtschaft in der Vergangenheit in der Hoffnung auf mehr Geld nach der Politik gerufen. Bekommen haben sie immer mehr Paragrafen, die ihre sowieso begrenzten Handlungsspielräume weiter einengen. Statt sich zu beklagen, ist es Zeit, mit unternehmerischem Management die künftigen Herausforderungen in die eigenen Hände zu nehmen. Die Digitalisierung stellt die tradierten Geschäftsmodelle infrage und eröffnet neue Gestaltungsräume, die es gilt, tatkräftig zu nutzen. „Hauptsache, die Kasse stimmt", reicht in Zukunft nicht mehr.

Viele kaufmännisch ausgebildete Krankenhausmanager haben sich in der Vergangenheit weit überwiegend mit den nicht medizinischen Aufgaben in den Kliniken befasst. Die sicher notwendige Professionalisierung der Administration und Technik hat große Teile der Arbeitskraft absorbiert. Das reicht aber nicht mehr aus. Jetzt ist die durchgehende Strukturierung der Behandlungsprozesse unabdingbar, um digitale Technologien nutzen zu können. Dazu ist es erforderlich, dass die Ärzte und Krankenpflegekräfte gemeinsam mit den kaufmännischen Managern an dieser herausfordernden Aufgabe arbeiten. Silodenken führt in die Bedeutungslosigkeit – und zwar schneller, als es viele Akteure immer noch für möglich halten.

Krankenhausmanager müssen die Medizin ins Zentrum ihrer Aktivitäten rücken. Dabei können sie verlorengegangene Glaubwürdigkeit zurückgewinnen, wenn sie sich aktiv an der Diskussion um die Ethik in der Gesundheitswirtschaft beteiligen. Nicht nur Ärzte und Krankenpflegekräfte sind hier betroffen, sondern angesichts jüngsten Bedeutungsgewinns auch Ökonomen und Techniker. Gemeinsam Verantwortung für eine gute Medizin zu bezahlbaren Preisen zu übernehmen, ist eine geeignete Strategie, um der Überregulierung mutig entgegenzutreten.

# Digitalisierungsinitiative statt Gießkanne

Beim Übergang von der IT-isierung zur Digitalisierung verstellen häufig die Erfahrungen mit der Technik von vor 20 Jahren die Sicht auf künftige Entwicklungen. So haben wir alle gelernt, Insellösungen bei IT-Projekten möglichst gar nicht erst zuzulassen. Ein ganz wichtiger Lehrsatz der vergangenen Jahre lautete: Schnittstellen vermeiden, möglichst alle Lösungen aus einer Hand, alle in einem System. Eine ganze Reihe von den in den vergangenen Jahren neu entstandenen IT-Abteilungen sind geradezu „Gralshüter" dieser Grundsätze. Aber, was vor zehn Jahren, ja sogar noch vor fünf Jahren, vernünftig war, ist heute grundverkehrt. Wir alle tragen ein Smartphone mit uns herum, das wir wie selbstverständlich nutzen. Das ist voll von Schnittstellen und verbindet beliebig viele separate Programme miteinander. Wir haben keine Scheu, die neueste App herunterzuladen, wenn wir uns davon auch nur den kleinsten Vorteil versprechen. Im Berufsalltag feiern die Technologiemythen fröhliche Urstände. Einige Klinikverantwortliche sind noch „Digitalisierungsdinos".

Die Zukunft aber ist ganz klar: Es gilt Plattformen zu nutzen, auf denen viele nützliche Spezialanwendungen arbeiten. All dieses ist aber nicht das Zentrum des bevorstehenden Wandels. Technik ist, so wichtig sie auch sein mag, nur das Instrument. Die Behandlung der Patienten muss bedingungslos auf deren Bedürfnisse ausgerichtet werden. Das ist der eigentliche Paradigmenwechsel. Die Politik muss diese Anstrengungen in der kommenden Legislaturperiode mit einer gemeinschaftlichen Anstrengung von Bund und Ländern unterstützen. Dabei darf die allseits sehr beliebte Gießkanne der vergangenen Jahre nicht zum Einsatz kommen. Vielmehr muss eine gezielt platzierte Digitalisierungsinitiative genau die Akteure, die zukunftsträchtige Programme und Projekte zur Modernität der medizinischen Lösungen und Prozesse auf den Weg bringen, mit ausreichend Investitionsmitteln versehen.

# Modernisierung vor Regulierung

Der Satz klingt harmlos, hat es aber in sich: „Die DRG-Berechnungen werden um die Pflegestellenkosten bereinigt." Er findet sich im Gesundheitskapitel des Koalitionsvertrages zwischen CDU/CSU und SPD. Mit ihm wird die 1992 ins Gesetz gehobene Idee der leistungsbezogenen Krankenhausvergütung „mal eben so" für die Pflege beendet. Das ist eine hochgefährliche Entwicklung. In letzter Konsequenz wird es einerseits Krankenhausmitarbeiter, geführt von einem Unternehmensmanagement, und andererseits einen staatlichen Pflegedienst mit Staatskommissaren an der Spitze geben. Die müssen insbesondere kontrollieren, was eine Pflegekraft nicht machen darf, weil sonst Tätigkeiten anderer Berufsgruppen, die nicht reglementiert sind, in den Pflegedienst verlagert werden.

Auch muss künftig der Staat für Modernität in der Pflege sorgen, weil für Krankenhausleitungen keinerlei Anreiz mehr besteht, in den Pflegedienst zu investieren. Die Gefahr ist groß, dass die Pflegenden insbesondere von den Chancen der Digitalisierung abgekoppelt werden. Die Erwartung der Politik, die Qualität der Behandlung durch Personalquotierungen zu verbessern, wird sich deshalb nicht realisieren lassen.

Das Pflegeproblem der Zukunft lässt sich vielmehr nur lösen, wenn es gelingt, die Pflegekräfte künftig in einem viel höheren Maße als bisher direkt an den zu Pflegenden einzusetzen. Dazu ist es dringend erforderlich, die Pflegenden von einem großen Teil der bis zu 40 Prozent berufsfremden Aufgaben, die sie mit erledigen müssen, zu befreien. Das sind insbesondere Dokumentationsverpflichtungen und Tätigkeiten in der Logistik. Die beruflich Pflegenden, als größte Berufsgruppe im Gesundheitswesen, sind heute zugleich die noch am geringsten digitalisierte Berufsgruppe. Daraus ergibt sich die Möglichkeit, das traditionelle Bild der Pflegeorganisation mit den pflegerischen Prozessen und Technologien zu modernisieren und eine innovative und zukunftsweisende Rolle im Gesundheitssystem zu übernehmen. Das gesellschaftliche Motto für die Pflege muss vielmehr lauten: Modernisierung vor Regulierung!

# Innovationsklima verbessern

Alle wollen Innovationen, aber kaum einer tut etwas dafür. Die Gesundheitsbranche ist äußerst statisch. Ein detailliertes Regelwerk zwingt die Beteiligten in ein enges Korsett. Auch viele Gesundheitsunternehmen sind tief gestaffelt und über diverse Hierarchieebenen hinweg organisiert. Das führt oft zu ellenlangen Entscheidungswegen, die für alle Akteure ein großes Ärgernis sind und zum Tod vieler Start-ups führt. So „verhungern" auch derzeit tolle Ideen „am langen Arm". Nicht selten vergehen von der erfolgreichen Projektpräsentation bis zum endgültigen Vertragsabschluss, wenn es denn überhaupt dazu kommt, drei bis vier Jahre. Das halten die meisten Start-ups wirtschaftlich nicht durch.

Noch viel wichtiger als die Förderung der innovativen Geschäftsideen durch Vermittlung von Expertenwissen und finanzielle Programme ist die Beschleunigung der Entscheidungsfindung. Viel zu viele Verantwortliche in Krankenhäusern, aber ebenso auch in Krankenkassen, sind zu zögerlich, sodass selbst äußerst erfolgversprechende Innovationen nicht zum Zuge kommen. Dazu tragen speziell auch die Aufsichtsbehörden in der Gesundheitswirtschaft ein gerütteltes Maß an Schuld bei. Insbesondere das Bundesversicherungsamt erweist sich mit ständigen bürokratischen Einwendungen und Bedenken als beträchtliche Innovationsbremse. Das ist inakzeptabel. Wenn das Eintreten für Innovationen mehr als ein reines Lippenbekenntnis sein soll, müssen den Worten Taten folgen. Mehr Mut und vor allem mehr Unternehmertum sind von Nöten. Insgesamt muss die Gesundheitswirtschaft bei Innovationen deutlich aktiver werden, sonst sieht es für die Zukunft des Standortes Deutschland finster aus.

# Mut zum Management

Es wird reguliert, was das Zeug hält. Der Staat ist wieder auf dem Vormarsch. Warum nur? Ein Grund ist, dass die Spitzenkräfte in den Gesundheitsunternehmen nicht durch übermäßige unternehmerische Aktivitäten bei der Lösung der brennenden Fragen aufgefallen sind. Ganz im Gegenteil, viel zu häufig wird auf die Politik geschielt und von dort Hilfe erwartet, ja erfleht. Wer allerdings den Staat zum Handeln animiert, darf sich hinterher nicht beschweren, wenn die eigenen Spielräume kleiner werden. Und der Patient? Er emanzipiert sich immer ein wenig mehr von den viel zu sehr mit sich selbst beschäftigten Akteuren. Darin liegt eine große Chance. Wer das in der Gesundheitswirtschaft zuerst erkennt und sich auf seine Interessen konzentriert, wird letztlich erfolgreich sein. Auch für die Politik geht es darum, die Patienten als Konsumenten ernst zu nehmen und das Gesundheitssystem auf ihre Belange auszurichten. Zurück in die Vergangenheit ist keine Option. Mutige Schritte in die Zukunft sind gefragt.

Die Digitalisierung erfordert unternehmerisches Management. Die vorhandenen Expertinnen und Experten müssen unterstützt werden, indem wir sie von berufsfremden Tätigkeiten entlasten. So müssen Pflegekräfte die Chance bekommen, das zu tun, weshalb sie ihren Beruf ergriffen haben – nämlich, die Patienten zu betreuen. Das Motto muss lauten „heilen statt faxen". Dazu müssen endlich die Arbeitsprozesse konsequent strukturiert werden. Das ist die zwingende Voraussetzung dafür, moderne Methoden und Technologien nutzen zu können, wie sie in anderen Berufen längst zum Einsatz kommen. Die Digitalisierung bietet die Möglichkeit, den Herausforderungen auch in der Gesundheitsbranche zu trotzen. So kann es gelingen, die diagnostisch und therapeutisch Tätigen von Dokumentations- und Logistikverrichtungen zu befreien und sie im direkten Patientenkontakt einzusetzen. Krankenhausunternehmen, die diesen Weg beschreiten, müssen im Wettbewerb der Anbieter Vorteile generieren und deshalb wachsen können. Die Politik muss die innovativen Akteure der Gesundheitswirtschaft durch mehr Wettbewerb unter dem Motto: „Modernisierung vor Regulierung" nachhaltig befördern.

Die vor uns liegenden gesellschaftlichen Herausforderungen können nur gelöst werden, wenn die Gesundheitsbetriebe von unternehmerisch geprägten Managern geführt werden, die in einer staatlich bestimmten, den wirtschaftlichen Rahmen für alle Akteure gleichermaßen vorgebenden Marktordnung agieren.

# Viel hilft nicht viel

Die Staats- und Sozialkassen sind wohlgefüllt. Das löst Phantasien aus, die derzeit mancherorts in „Saus und Braus" enden. Geld scheint keine Rolle mehr zu spielen, wenn es um die Gesundheit geht. Auf Ärztetagen sind sich die Delegierten schnell einig, „die Ökonomie" muss weg! Diese Botschaft ist inzwischen gesellschaftsfähig, und auch viele Politiker scheuen nicht mehr davor zurück, „endlich" einen „Paradigmenwechsel" einzufordern. Der Ansatz, das Selbstkostendeckungsprinzip der 1970er-/1980er-Jahre für die Pflege zu recyceln, ist Ausdruck dieser Denkweise. Die Finanzierung muss nicht mehr das Ergebnis der Betreuung widerspiegeln, sondern der Einsatz von Personal soll völlig unabhängig davon alimentiert werden. Nicht der Patient und dessen Bedürfnisse sind wichtig, sondern der Mitarbeiter und seine Interessen.

Wir sind in der falschen Richtung unterwegs. Viel hilft nämlich nicht viel! Verschwendung von Ressourcen ist vielmehr in einem solidarisch finanzierten Gesundheits- und Sozialsystem unethisch und untergräbt mittelfristig die Akzeptanz. Das ist gefährlich und deshalb gilt es, falschen Argumenten mit Nachdruck entgegenzutreten. Tradierte, oftmals standespolitisch motivierte Regulierungen, müssen auf den Prüfstand, um sicherzustellen, dass sie innovative Entwicklungen nicht verzögern. Unternehmerisch geprägte Manager sind gefragt. Leider gibt es davon in der Gesundheitswirtschaft immer noch viel zu wenige.

Die Soziale Marktwirtschaft hat sich als Ordnungsrahmen für einzelwirtschaftlich agierende Unternehmer und Manager gesellschaftlich bewährt und eignet sich hervorragend als Grundlage für eine soziale Gesundheitswirtschaft. Wie in anderen Wirtschaftsbereichen auch, soll sich der Staat in der Gesundheitswirtschaft verantwortlich bei der Festlegung einer einheitlichen Marktordnung engagieren, während die Gesundheitsbetriebe innerhalb dieser wirtschaftlichen Rahmenbedingungen um die beste Lösung für die Patienten ringen müssen. Wettbewerb ist dazu nicht „vom Teufel", sondern ein hervorragendes Instrument.

# Der Wandel erfasst alle! Mich auch?

Es ist eigentlich alles ganz einfach: Wer seine Geschäfts-
prozesse strukturiert und damit optimiert, verbessert die
Qualität, erleichtert die Arbeit und erhöht die Produktivität. Wer könnte etwas dagegen haben? Warum kommen
Veränderungsprojekte dann trotzdem nur so schleppend
voran oder scheitern gar ganz? Viele Manager in Gesund-
heitsbetrieben haben die Herausforderungen der Stunde
zwar erkannt und investieren auch in das „Was", aber leider
nicht in das „Wie". Aber gesagt ist nicht getan. Der Verun-
sicherung bei den Mitarbeitern wegen der bevorstehenden
Veränderungen folgen Ängste, die dann wiederum schnell
zu Blockaden führen. Und schon ist nichts mehr einfach.

Die Sicht von Menschen auf die Dinge, die getan werden
müssen, ist nun mal sehr unterschiedlich. Der eine sieht
das große Ganze, der andere das kleine Persönliche. Es
gibt solche und solche Interessen. Im Gesundheitssektor
unserer Volkswirtschaft hat das Festhalten an den herge-
brachten Dingen auch besonders lange Tradition. Geändert
worden ist an der Art und Weise, wie Patienten behandelt

werden, eigentlich schon lange nichts mehr Grundsätzliches. Sicher, die Medizin ist moderner geworden, aber die Organisationen, in der sie praktiziert wird, sind schon sehr tradiert. Und jetzt kommt mit Macht die Digitalisierung.

Unsere Gesellschaft insgesamt ist schon gewaltig im Umbruch. Von dieser Entwicklung wird jetzt auch der Gesundheitsmarkt erfasst. Der zwingend notwendige Wandel erfordert gerade in der Gesundheitswirtschaft einen gestalteten Veränderungsprozess. Dazu gehören natürlich inhaltlich ausgerichtete Strategieprogramme. Aber genauso geht es um konkrete Umsetzungsprojekte, die die Mitarbeiter erreichen und ihre Bereitschaft, aktiv mitzuwirken, deutlich steigern. Bisher ist das Change-Management fast überall sträflich unterentwickelt. Unternehmerische Manager müssen künftig ihr Augenmerk vor allem auf das „Wie" des Wandels richten. Die Menschen brauchen für sich in den Turbulenzen des Umbruchs eine persönliche Perspektive, nicht theoretisch, sondern ganz praktisch. Dann klappt's auch mit dem Wandel.

# Zurück zu den Oberamtsräten?

Ein „Weiter so" kann es nicht geben. Die Reaktion der Politik auf die massive Kritik an den Zuständen in der Pflege macht deutlich, dass die Krankenhausmanager ihren Kredit weitgehend eingebüßt haben. Den Klinik-verantwortlichen wird nicht mehr zugetraut, die Heraus-forderungen eigenständig in den Griff zu bekommen.

Deshalb greift die Politik aktuell unmittelbar massiv regu-lierend ein und begrenzt die Spielräume der Manager mit der Einführung des Selbstkostendeckungsprinzips in der Pflege rigoros. Wer jetzt nicht handelt, macht sich über kurz oder lang selbst überflüssig. Weitere Inter-essengruppen in den Kliniken, allen voran die Ärzte, sind bereits dabei, sich ebenfalls unter das Dach der staatlichen Obhut zu flüchten. Am Ende steht ein strikt administratives System ohne eigene Gestaltungskraft bei den Krankenhausleitungen. Manager sind dann überflüssig und können, wie noch in den 1980er-Jahren üblich, durch Oberamtsräte ersetzt werden.

Mut zum Wandel ist deshalb unerlässlich. Der Patient muss vorbehaltlos zum Maß des Handelns in Gesundheitsunternehmen werden. Es geht darum, die Behandlungsprozesse ohne Wenn und Aber auf die Patienteninteressen auszurichten. Die Strukturierung und Digitalisierung der Arbeitsabläufe stehen dabei ganz im Vordergrund.

Das leider immer noch allzu häufig anzutreffende „Improvisationstheater" mit überforderten Akteuren, ausgestattet mit Bleistift, Papier und Radiergummi, darf es im Interesse der Patienten, aber auch der Mitarbeiter, nicht länger geben. Unendlich viel Zeit gibt es nicht mehr. Die nächsten Monate müssen genutzt werden, um das Ruder herumzureißen. Das Management ist aufgefordert, gemeinsam mit den Ärzten und Pflegekräften die betrieblichen Gestaltungsräume voll auszuschöpfen und dabei das Patientenerlebnis in den Mittelpunkt zu stellen. Es gilt, die Zukunft eigenständig digital zu gestalten und nicht ständig nach dem Staat zu rufen.

# Pflege gehört ins Team

Wenn der öffentliche Druck sehr groß wird, neigen Politiker zu vermeintlich schnellen und einfachen Lösungen. Die Verheißung lautet in solchen Situationen dann häufig: viel Geld. Wer allerdings glaubt, immer mehr davon könnte alle Probleme lösen, wird schnell eines Besseren belehrt werden. Die Lage ist komplex und die Herausforderungen sind vielfältig. Da ist zunächst einmal Sachverstand vonnöten.

Ganz zentral ist deshalb, die Pflegenden in die aktuell anstehenden Veränderungen einzubeziehen. Die Chancen der Digitalisierung können nämlich helfen, die Pflegeexperten von großen Teilen der berufsfremden Tätigkeiten zu befreien. Sie können sich dann auf ihre eigenen Aufgaben „rund um den Patienten" konzentrieren.

Die politische Sofortmaßnahme, die Pflege auf das längst gescheiterte Selbstkostendeckungsprinzip zurückzuwerfen, muss zudem schnell überwunden werden. Die Pflegenden gehören ins Behandlungsteam! Deshalb müssen sie baldmöglichst in ein erneuertes qualitäts- und leistungsbezogenes Entgeltsystem mit direktem Bezug zum Patientenwohl integriert werden.

Dazu muss die bisherige DRG-Methodik um weitere Faktoren angereichert werden. Insbesondere muss ein zukunftsfähiges Finanzierungssystem die Patientenzufriedenheit und die Qualität der Behandlung berücksichtigen. Das gilt in besonderer Weise für die Pflegeleistungen.

Zudem müssen die Investitionskosten, die nicht von der Förderung durch die Bundesländer gedeckt sind, offen durch ein reformiertes „DRG plus-Modell" von den Krankenkassen erstattet werden. Nur so können die Innovationen, speziell die digitalen, zeitgerecht im Klinikalltag genutzt werden. Die öffentliche Aufmerksamkeit, die die Pflege zurzeit genießt, muss zu nachhaltigen Reformen genutzt werden. Dazu ist Mut zum Wandel erforderlich.

# Heute wird
# das Essen kalt

In vielen Krankenhäusern „wackelt der Schwanz mit dem Hund". Die Sekundärprozesse sind nicht auf die Belange der Patienten abgestimmt. Bis zu 30 Prozent der zubereiteten Essen etwa erreichen die Patienten gar nicht oder nur kalt, weil die Behandlung dem entgegensteht. Wer auf dem OP-Tisch liegt, kann nämlich nicht pünktlich zur Essensausgabe im Bett präsent sein.

Gleiches gilt für viele andere Leistungen einer Klinik, die eigentlich für die Patienten gedacht sind. Die Behauptung einer individuellen Betreuung entlarvt sich an vielen Stellen als reiner Mythos. Dabei wäre, im Zeitalter der Digitalisierung, eine Verschränkung der patientennahen Dienstleistungen mit dem Primärprozess kein „Hexenwerk". Aber wenn die diversen Akteure unverbunden nebeneinander her werkeln, kann die ganzheitliche Versorgung nicht gelingen. Als Achillesverse erweist sich häufig das tägliche Improvisationstheater der diagnostischen und therapeutischen Verrichtungen.

Es gilt, endlich die Behandlung in strukturierten Prozessen zu organisieren. Digitale Workflows können dann Wunder wirken. Insbesondere gestatten sie es, alle Mitstreiter ohne Wenn und Aber auf die Interessen der Patienten auszurichten. So kann das Essen frisch und schmackhaft bereitstehen, wenn der Patient nach seiner Behandlung wieder Hunger verspürt. Nicht er muss sich an die vorgegebenen Serviceprozesse halten, sondern diese richten sich nach ihm. Das alte Thema Systempartnerschaften bekommt durch die Chancen, die die Digitalisierung jetzt eröffnet, neuen Schwung. Innovative Manager stellen den Behandlungsprozess deshalb jetzt „vom Kopf auf die Füße" – ganz im Sinne der Patienten!

# Patienten treiben den Wandel

Der Patient wird mehr und mehr auch Konsument und damit Treiber auf dem Gesundheitsmarkt. Bisher galt „einweisen, zuweisen, überweisen". Diese Begriffe sprechen jedoch eine verräterische Sprache. Da war keine aktive Rolle für den Patienten vorgesehen. Das wird sich in Zukunft ändern. Wie Patienten ihre Behandlung erleben, wird deshalb künftig für die Bewertung der Leistung entscheidend sein. Bereits heute können Patienten leichter an Informationen gelangen. „Dr. Google" und das Internet machen's möglich. Vor wenigen Jahren war das noch völlig undenkbar. Zudem haben wir bisher in der überwiegenden Zahl Menschen um die 70 und älter aus der Kriegs- und unmittelbaren Nachkriegsgeneration behandelt, die mit Entbehrungen und Mangel aufgewachsen sind. Ihre Erwartungshaltung ist maßgeblich durch diese Erfahrung geprägt.

Die künftig mehrheitlich auf die Gesundheitsanbieter zukommenden Patienten sind in den Zeiten des Wirtschaftswunders sozialisiert und im Zweifelsfall seit ihrer Jugend an eine aktive Konsumentenrolle gewöhnt. Sie werden die Akteure in unserer Branche ganz anders herausfordern.

Krankenhäuser sind traditionell Expertenorganisationen. Grund dafür ist, dass der Gesundheitsmarkt bisher von der Anbieterseite dominiert wurde. Die Nachfrageseite hat praktisch keine Rolle gespielt. Solche Märkte sind auf ihre Institutionen zentriert. Medizin ist bisher an den vorhandenen Ressourcen ausgerichtet. Was da ist, wird eingesetzt. Das gilt für die Mitarbeiter, ihr Wissen und ihre Erfahrung sowie für die vorhandene Technik und die vorgefundenen Medizingeräte und Laborleistungen, aber auch für die Organisation. Deshalb ist die Behandlung überall unterschiedlich. Das ist nicht länger akzeptabel, weil Patienten mehr und mehr ein stabiles Leistungsversprechen erwarten. Daher muss die Medizin jetzt „vom Kopf auf die Füße gestellt" werden, um sie auf die Bedürfnisse der Patienten auszurichten.

Das Patientenerlebnis muss ab sofort mehr sein als eine unverbindliche Floskel. Alle Beteiligten – Ärzte und Krankenpflegekräfte, aber auch Manager und Techniker – sind zur Aktion aufgerufen. Es gilt, die Behandlungsprozesse im Detail zu strukturieren und damit einem digitalen Workflow zugänglich zu machen. Die Gesundheitswirtschaft befindet sich bereits, wenn auch noch nicht von allen erkannt, in einem gewaltigen Transformationsprozess. Neue Player aus der digitalen Wirtschaft und damit aus ganz anderen Branchen sind auf dem Vormarsch. Sie kennen sich mit den Erwartungen von Konsumenten exzellent aus und sind in ihrem Denken den traditionellen Akteuren der Gesundheitswirtschaft weit überlegen. Die müssen sich jetzt sputen, sonst werden sie in den kommenden Jahren links und rechts überholt.

# Geld ersetzt keine Anerkennung

„Abgehängt" ist das Unwort unserer Zeit. Wer und was ist nicht alles „abgehängt"? Wenn wir der öffentlichen Debatte vertrauen, sind das große Gruppen, ja, ganze Regionen. Mehr und mehr Menschen fühlen sich nicht ausreichend wertgeschätzt. Ihnen fehlt ganz offenkundig die zum erfüllten Leben so notwendige Anerkennung. Nun wird immer wieder versucht, fehlende Anerkennung durch Geld zu ersetzen. Massiv erleben wir das derzeit in der allgemeinen gesellschaftlichen Diskussion. Umverteilung ist dabei scheinbar das magische Wort. Aber der Zauber wirkt nicht mehr. Ebenso ist es im betrieblichen Umfeld. Wenn Beschäftigte über mangelnde Wertschätzung klagen, genügt es nicht, ihnen einfach mehr Gehalt zu überweisen. Natürlich ist zu wenig auch falsch, aber Schmerzensgeld verliert schnell an Wirkung.

Ganz zentral ist in Zeiten des Wandels die Angst der Menschen vor Statusverlust. Wie stehe ich künftig da, vor meinen Nachbarn, vor meinen Kollegen? Sind meine Kenntnisse, meine Fähigkeiten, meine Erfahrungen morgen noch gefragt? Oder werde ich nach unten durchgereicht? Alle diese Fragen sind berechtigt! Die Verantwortlichen in Staat und Wirtschaft sind aufgerufen, dem Einzelnen eine persönliche Perspektive im großen Umbruch unserer Zeit zu eröffnen. Auch in Zukunft dazu zu gehören, ist den Menschen wichtig. Das Gefühl, einen wertvollen Beitrag zum Gelingen des Ganzen zu leisten, darf nicht abhandenkommen. Im Gegenteil, jeder muss am Veränderungsprozess aktiv mitwirken können und seinen wertgeschätzten Platz in Gesellschaft und Betrieb finden. Auch die in den vergangenen Jahrzehnten so kritisch diskutierten Statussymbole spielen dabei eine gewichtige Rolle. Bürger und Beschäftigte dürfen nicht mitten im Kulturumbruch massive Statusverluste befürchten müssen oder sogar erleiden. Geben wir den Menschen die Chance, zu den Gewinnern des Wandels zu gehören!

# Aus DRGs werden PRGs

Ja, es gibt berechtigte Kritik am DRG-System. Ja, das DRG-System treibt die Mengenauswertung. Das war aber von Anfang an klar. Die DRG-Finanzierung alimentiert schließlich nicht mehr die Institution Krankenhaus, sondern das Geld hängt an der Diagnose des Patienten. Vorher war es genau umgekehrt. Als es Geld ohne Leistungsbezug gab, war der Patient schon mal lästig. Wenn das Hofbräuhaus budgetiert wäre, wäre der Hinweis am Eingang ökonomisch sinnvoll: „Besuchen Sie den Augustinerkeller!" Da ist es gut, dass Patienten als Konsumenten in der Gesundheitswirtschaft inzwischen an Bedeutung gewonnen haben.

Und natürlich, ja, Fallpauschalen senken die Verweildauer. Das war auch gewollt und vor allem im Interesse der Patienten. Überhaupt haben die leistungsbezogenen Preise das Geschehen in den Krankenhäusern transparenter und damit für die Mitwirkung der Betroffenen zugänglicher gemacht. Deshalb wäre es fatal, jetzt kopflos in die falsche Richtung zu stolpern.

Die mühsam in den 1980er- und 1990er-Jahren vorangetriebene Abkehr vom Selbstkostendeckungsprinzip in der Krankenhausfinanzierung durch Pflexit und Äxit rückgängig zu machen, wäre ein Schlag ins Gesicht der Patienten. Ihr Einfluss würde ausgerechnet in einer Zeit verstärkter Patientensouveränität blockiert. Richtig ist deshalb vielmehr, den Leistungsbezug im Entgeltsystem nicht abzuschaffen, sondern über den Diagnosebezug hinaus auszuweiten. Hinzukommen muss ganz vorne weg das Patientenwohl als weiterer Maßstab. Deshalb ist die Evidenz in der Medizin genauso zu berücksichtigen wie Patient Reported Outcomes. Auch müssen patientennahe Investitionen Teil der neuen Krankenhausfinanzierung werden. Und weil die Menschen die wachsenden Möglichkeiten, sie ambulant zu versorgen, überaus schätzen, müssen die Entgeltsysteme der Sektoren harmonisiert werden, auch um die bestehenden Fehlanreize endlich zu überwinden. Schauen wir nach vorn, nicht nach hinten. Machen wir aus den DRGs die PRGs – die Patient Related Groups.

# Nachwort

Bei der Durchsicht meiner Kolumnen, die seit 2007 im Biblio-med-Verlag erschienen sind, war ich doch einigermaßen erschrocken. Hatte ich zunächst befürchtet, an einigen Stellen auf durch den Zeitablauf überholte Positionen und Forderungen zu stoßen, war ich nach der Lektüre schnell vom Gegenteil überzeugt. Das ist ein Ergebnis, das bei Texten aus einem so langen Zeitraum nicht unbedenklich ist. Zeigt es doch, dass die Gesundheitswirtschaft in diesen Jahren eine sehr gemächliche Dynamik entwickelt hat. Bürokratie und Entscheidungslosigkeit waren weitverbreitete Erscheinungsformen. Auch heute noch sind unternehmerische Manager, die einer solchen Entwicklung mit strategischem Konzept und mutiger Tatkraft entgegentreten, in unserer Branche leider viel zu selten. Der Staat tut mit einer überbordenden Regulierungswut ein Übriges. Seine Aufgabe wäre es vielmehr, die Marktordnung für eine Soziale Gesundheitswirtschaft, in der die Akteure im Wettbewerb um die Gunst der Patienten ringen, zu etablieren. Letzteres ist der Kerngedanke, der die hier dokumentierten Kolumnen inhaltlich verbindet.

*Mein Dank gilt meiner Geschäftspartnerin Ines Kehrein und meinem Geschäftspartner Dr. Konrad Rippmann für unseren jahrelangen intensiven Gedankenaustausch sowie Brigitte Knorr und Susanne Erhorn für die Unterstützung meiner Arbeit.*

# Heinz Lohmann

Studium der Sozial- und Wirtschaftswissenschaften

Leitende Tätigkeiten in der privaten Wirtschaft und im öffentlichen Sektor, davon 40 Jahre in der Gesundheitswirtschaft

Heute Gesundheitsunternehmer, u. a. LOHMANN konzept GmbH und WISO HANSE GmbH in Hamburg sowie agentur gesundheitswirtschaft GmbH in Wien und als Business Angel an Startups beteiligt

Präsident des deutschen GESUNDHEITSWIRTSCHAFTS-KONGRESSES, des ÖSTERREICHISCHEN GESUNDHEITS-WIRTSCHAFTSKONGRESSES und wissenschaftlicher Leiter des Managementkongresses KKR des Hauptstadtkongresses Medizin und Gesundheit in Berlin

Professor der Hochschule für Angewandte Wissenschaften Hamburg

Autor zahlreicher Publikationen

Ehrenvorsitzender der INITIATIVE GESUNDHEITSWIRTSCHAFT e. V.

Gastgeber des monatlichen TV-Talks MENSCH WIRTSCHAFT!

Sammler und Förderer experimenteller Gegenwartskunst

# Florian Albert

Chefredakteur des Fachmagazins f&w der Bibliomed Medizinische Verlagsgesellschaft mbH

# Quellenübersicht